# Sage ich zu wem

Joachim Sartorius

# Sage ich zu wem

## Gedichte

Kiepenheuer&Witsch

Umschlag Kalle Giese, Overath
unter Verwendung der Lithographie von Odilon Redon
»Dann entfaltete der verirrte Engel schwarze Flügel« (1886)
Satz Kalle Giese Grafik, Overath
Druck und Bindearbeiten Pustet, Regensburg
ISBN 3 462 01939 2

# Inhalt

*Umarmung erinnert*

*Liebe und Arbeit*

Das Schmerzende verweilt nicht lange Zeit gleichmäßig im Fleische, sondern, sofern es aufs Äußerste schmerzt, ist es nur ganz kurze Zeit gegenwärtig, sofern es aber das Lusterzeugende im Fleisch bloß überwiegt, dauert es nicht viele Tage. Langdauernde Schwächezustände schließlich zeigen ein Überwiegen des Lusterregenden im Fleische über das Schmerzende.

*Epikur*

Wer auch immer dem Tod ins Auge sieht, gehört keinem Zimmer, keinen Angehörigen mehr an; er gehorcht dem freien Spiel des Himmels.

*Georges Bataille*

# Umarmung erinnert

# I

## Umarmung, con affeto

die Hände wie Kreisel, fühlen deine
bemalten Zehen, Brüste, Gewebespannungen
zwischen glänzenden Ameisen, fühlen:
rosa an der Spitze die Nacht, Ummantelung –
die Flöte tanzt wie eine Feder, Formentera!
auf dem Metronom, dir meine
Zunge in der Mandelkurve deiner
innersten Lippe, ja ich läge ja sehnlichst
läge ich in dir in deines Körpers Laken-Nacht
ein Jagen die Hügel hinauf ein Hineinsteigen
ins Hochgrab durch das – reglos – ein Wasserfall
fällt tief in den umpelzten Kragenmund tiefe
Ausgrabungen unter den Brüsten Schürfungen
zwei Erhebungen aus Wasser Milch schäumt das Tal
jetzt fühlst du die heissen Kiesel jetzt
in deinen tiefen Mund zum Schlunde zielen
Moos Gold den Schlamm saugst du hinein
und dunkel sperrt und öffnet sich die Gracht

## Umarmung erinnert

Deinen Atem fühlen, vom Hals aus:
fühlen, wie er um meinen Leib geht,
und in dir drängen und deine Augen
schlucken wollt ich: wortkrank, und
schlittrig ist das Erinnern. Und die Lippe,
die meiner Lippe jetzt begegnet, sie ist
die andere Hälfte meines Munds. Ich
wurde schön in deinem Körper, ohne
Schmerz wurd ich, und Ungenutztes
tauchte, herauf schoß es in Fächern,
schoßwärts aufgeschlagen, und Armespiel.

Im Bild ist sie, klein und nackt,
aufgenommen vor der Tür des Hauses
vom Freund oder Vater, mit verlegenen
Brüsten, furchtsamem Dreieck, sie kann mich
nicht hören noch sehen. Ich, ich entsinne
mich genau des braunen Grases, das zwischen
den Stufen wuchs, unserer Sprache auch,
Blaues ließ sie um uns wie Löcher
in den Ozeanen. Nein, in eine
neue Geschichte zu tauchen sei nicht schwer.
Und höre ihr Atmen durch die Sehnacht gehen

# Umarmung der Vögel

Wie ging die Sage: die Falkinnen
(es gab keinen Falken weit und breit)
hielten mitten im Flug plötzlich inne,
reglos schwebten sie da und öffneten
ihren Schoß und empfingen vom Wind
ihren Samen und Frucht. Die eine hat sich
an meine Wiege gesetzt, sagte Leonardo,
und mit ihrem Schwanz mir den Mund
geöffnet und das Gefieder heftig darin
bewegt. Uccello wollte die Lichtreflexe
auf Pferderücken ergründen, wie nach ihm
auf Frauenarmen Bonnard; seither, sagte Leonardo,
forsche ich den Flug der Vögel, sein Geheimnis.

'Den Flug der Vögel in der Luft und die Spur
des Mannes in der jungen Frau ..' an meiner
Wiege sitzst du, den Traum des langen
Speers im Doppelauge. Wir schauen uns
an, ich denke mich an deine Fieder-
schläfe, bevor die Hand noch sie
umkrallt. Gefaltet die weißen Flügel
über des anderen Rücken, Iris in Iris:
So liegen wir luftauf und schreien. Mein Speer,
dein Federzeug schnabelweis in Mund und Mund
schweben wir, reglos: ein Leichtwerden von
mir zu dir, ohne Qual, fernlos, wie Gleiten
auf Lichtkufen, und wieder sein Geheimnis neu.

# Kopf an Kopf

auf eine Bilderfolge
von Horst Antes

Alles ereignet sich nun
im Kopf.
Die Knospen des Taumels drängen
in seine Spiegelfluchten ein
und kein Hinaus: Träne
und Feder bleiben auf grüner Wange
zurück.

Die kleine Hand
reicht nicht in seine Statuenstirn,
das Auge vor Dornen und
Tango geschlossen wohin:
hinab hinein
zum flimmernden Schoß
und all den Kapillarsystemen.

Es krümmt sich in der blinden
Bahn des Innenaugs
der Kopf zum Wort,
und rund die Reizhaut
glättend
tritt kein Gedanke an den Mund,
vor dem der Atem steht.

# In welche Erinnerung

Sie erhoben sich
über dem weißerstickten Land
zum Rückflug

in welches Land in welche
Erinnerung in welch
Vergessen

durch ihre Finger saust der Wind
sie erhoben sich von ihrem Lager
aus geschmolzenem Schnee

ihre Bewegungen ihre
Innigkeit hatten eine Wärme erzeugt
die sie jetzt im Wind im Flug zurück

bereits verloren. Und unter ihnen
am Boden
schießt sich der Sturm

auf die gefrorenen Spuren
der Umarmung ein,
am dunkelnden Waldrand

# II

Que tu es belle maintenant que tu n'es plus
la poussière de la mort t'a déshabillée même de l'âme

*Pierre Jean Jouve*
*Matière Céleste, 1936*

# Memento Mori

Deine Haut aus schwärenden Blättern
die Wolken über dem Dach

Du steigst immer wieder aus meinem Scheitern auf
größer als ein Tempel kälter als der Wind
der das Gedächtnis leerfegt und
befriedet. Seligsprechung. Betörungen: Glaub mir
ich wollte den Schrecken nicht um unsere Nacken
schlingen
                späte Vögel sende ich zu den Bäumen
die du jetzt auf dem Rücken trägst
                                        die Erde
unter meinem Farngesicht bist du, im Wider-
hell das Innere dunkel herstellmöglich, bist
diese Erde du? Wie weit trägt Trauerarbeit,
da du von mir in mir nun bist? Wiederhole:
Niemand sieht dich. Nicht die Wolken, nicht
die Blätter. Nicht ich, und sende Vögel aus

verzweifelt: der Raum von meiner Stirn
zu deiner Maske soll nicht zu messen sein.

## Durchs starre Zeitgefieder

Schön jetzt da du nicht mehr bist
bist du schwebst mit der Stille
des Winds durchs starre Zeitgefieder
senkst dich langsam bist du noch
da noch dehnt sich unter deiner

Brust die Glut noch klafft in den
verlassenen Kreidefelsen der Spalt
für den Gemarterten noch ist dein
Schoß von Kuß und Nerven hart von
Sprache noch bewohnt dein Leib noch

sind die Augen nicht im Distelwald
nicht lichtlos dunkler Mauer Stütze
und deine Hände schwer dagegen aderlos
fallend noch wenn morgen ihre Zähne
am Zittergras die Sonne schleift.

# Zustand

Rauchschwaden unterm Lampenschirm.
Melancholia im Kerzenlicht. Fahle Steine.
Das Mädchen hat gelähmte Beine.
Daß kein Schatten auf dem Schatten liegt.
Daß ein Haar nicht durchs Herz wächst.
Daß der Samen nicht schwarz ist.
Die Nacht in den Steinen muß schön sein.
Ich möchte in die Nacht der Steine dringen,
meine Nägel sind ganz blutig davon.

## Stele im Kopf

Als werfe
der Tod leere Hülsen hinter sich:
In der Wohnung, den Kleidern
ist kein Grauen mehr.
Lauter sogenannte Ereignisse
bleichen in zerstörbaren
Fotografien. Nur im Hirn Gestapeltes
von Licht und Duft
von Augenblicken

worauf, wie Firn,
Geruch beschriebenen Marmors liegt

# Ende des Jahres

Ein Winter-Regenbogen aus weiß und schwarzem
Licht,
aufgewölbt über fern versprengte Lügen, scheuernde
Fragen, einer Reue, die verdirbt.
Warum nur
laufen keine Adern, wie durch die Brüste, durch der
Wangen Mund? In den Armen springt wie je der Puls,
ein Wandern vom Wald zum Friedhof und zurück. Selten
Gesang, ein Vogel über dem Augenhaar. Und dann wieder
Bewußtwerdung, das Durchhalten der Knochen, Fließen
Gedächtnis. Es ist nicht fremd für einen Grabstein,
eine Erinnerung zu schaffen. Alles wurde überlebt.

Ein Gegenplan wäre: Fruchtzucker einsparen, die
Wucherungen des Frosts in den Pfützen beäugen.
Ein anderer: Die Hände schwer zu machen, wie nasse
Steine, geübt im Fortwischen von Faden und Furcht.

# III

## Sage ich zu wem

Vor jungen Nagern bist du nicht
sicher Schon graut der Schnee
Und im Mai wird der Flieder
schnell wegblühen schnell
wird er fort sein, ja
Mehr, sage ich, Mehr
Sonne und mehr Schnee
Zu wem zu den Freunden
ringsum und den Bäumen
Mehr Wachs
mehr rasch härtendes Harz

## In deinem Mund

Aus der Kehle der Pappel
meine Stimme Wind und
das Falten des Flügels
in deinem Mund verbringe ich
eine Nacht atemverwachsen
unter der warmen Rinde des Steins
rußt deine Rede deine Brauen.

## Der Tod der Zypressen

In dem Augenblick, da sie noch fern
der idealen Palme oder einer
leidenschaftlichen Oase waren,
auch fern dem Punkt noch, da
ihres Körpers Ordnung zum
Gefüge seiner Welt geworden war,
schauten sie zu den Zypressen,
groß und stumm, die rote Käfer
– so sagte man – mit Zangen
überfallen hatten. Später schluckte
ihr Geschlecht, im Gras, sein Auge,
das zu ihrer Hand zerrann und sah:

Zypressen, über Stein und Boden zeigend,
der von dem Fall, Bewegungen, noch bebte.

## Nebensträucher

Der Zauber ist klein. Würg ihn.
Wo ist das geblieben, daß Steine
sprechen und aus Samenfäden
Weltenbäume wachsen?
Eins ist in uns: die Idee der Liebe,
angelesen, von Büchern unterhalten.
Ein Durst nach Umsetzungen daraus.
Alles Weitere: Hinzufügen
von Nebensträuchern.

Sag dir: Die kalte Welt
hat keine Ahnung.

# Umarmung

Durch viele Lippen
fängt

die Zunge
mit der einen Ader

die Muschel.
Angestoßen

überspringt
das Wort,

nicht einzuholen
mehr, die Erstaunte.

## Winterzustand

### I

Gedanken
geerdet
belichtet unterm Schnee
darüber der schwarze Waldsaum
und die gewitterliche Sonne:

Bild stößt auf Gedächtnisbild
mit dem Knirschen durstigen Ozons.
In einem weiten weißen Feld
im Fadenkreuz von Hell und Dunkel:
ich geändert der gleiche, geliebt

und ohne Liebe: ein Jahr Erinnerungen
ohne Hoffnung. Der Wind zerbeißt den Schnee.

### II

Am Fersenriß
wildernde Träume –
breite Schlitten sausen sie
übers Eis zur Schwester hin,
zur Frage: gibt es
Verwandlung des Begehrens?

Die Mimosen blühten eine Stunde (Tunis,
Frühlingshagel, Orangenmond). Und
hinter mir liegt so viel wie
nicht mehr vor mir ist.
Tief im Haus, erkältet
in nächtlichen Einladungen, hautdünn:
Zurückatmen.

# An die Gräfin

Deine Augen sind dunkler geworden,
ein Aufglimmen der Nervenenden, Elmsfeuer
hinter dem Lid – wann kommt das weltengroße
Grauen?
Unter der Fontanelle pocht es wie Flattern der Vögel,
sagst du, und die Sonne ein Abgrund von Lockung
und Weiß.

Dein Haar hätte Baudelaire irr gemacht.
Er hätte Münder hineingezaubert, kleine, hochlippige,
lau im Lächeln aufgebogen, im feuchten Seidenge-
strüpp,
er hätte sich in seine Kissen zurückgelehnt und dir
die Ratschläge gegeben, die du suchst, eure Schöße
weit
entfernt und den fein gerillten Finger am eigenen
Hals.

Du schreibst, aber nicht von deiner Kindheit
und nicht rücksichtslos, warum? Ich legte
dir gern Salben auf die Brust, in der
Verwirrung der Abende, und steckte
Richtlichter in deine Seele, damit du weißt
wohin der Wind zieht und wer den Sand der Uhr
aufs Wasser von Tressow streute. Ich ziehe durch dich.

# IV

## Zucker geben

dieser Zucker, die Mädchen
werden wild, sagte mein 10 jähriger Freund,
reißen sich den Pulli,
das Leibchen vom Leib,
du kriegst, was immer schon
du dir wünschst:
eine unersättliche Frau

Ich suchte diesen Zucker.
Ich wollte nicht spät sein,
nicht dabei, nicht
beim Schreiben,

ich fand weißen Zucker.
Er sah genauso aus.
Ich warf ihn in den Tee,
als sie aus dem Fenster blickte.

Sie blickte mich an,
jetzt wußte ich nicht mehr,
wo beginnen.

## Lauffeuer

Gewiß bist du
aus den offenen Lippen der Sonne geboren

Wenn ich dich nackt sehe
zittere ich vor Hoffnung

Damit das Feuer läuft
und der Busch brennt

muß dieser Hunger unterhalten
muß bewundert werden

## Sommers in Arnavutköy

Sie sitzen auf rissigen Balkons
oder hinterm Kiosk,
in osmanischen Szenen: bei Tee und Tavla,
er tschilpt in ihren Rücken, während sie
die Zwirbelhaare seiner Beine kämmt,
es ist heiß.
Heiß ist es, die Distel in schwacher
bläulicher Luft, pludrige Fülle,
und zwischen den Seiden
Auflösung, ein Hauch

eine lange, feuchte Haut
bis der Abend kommt

bis der Krieg zwischen Wasser und Wind beginnt
und du die Lanze über den Bosporus
an seiner breitesten Stelle zu werfen suchst,
über die stillen Windinseln und das brennende Schiff.

Zur Belohnung darfst du dich
über sie wie über Bräute beugen.
Du siehst
von ihren geschlossenen Lidern
ihr Haar, den Brand und im Wasser die Sichel.

# Jacmel

an Hubert Fichte

Baron Samedi gießt Blut
an den unschließbaren Spalt
den Riß in uns in der Welt
mit Zähnen reißt er uns
zum Austasten des Traums:

prüfen die harten Lippen der Muschel
die eigenen Lippen öffnen die deinen
die toten auf Papier dem stummen
Bereich entreißen entpressen
der krummen Wolke den Wein:

die Zähne an der Kehle der Sau
die Borsten in der Luft zitternd
wie Flügel und die Drachen am Himmel
Wer sonst als er schenkt
diese spitze Wonne vor dem Schlaf?

Wenn du die Machete geküßt, öffne
die Augen: grün die Häuser, der Himmel
weiß und du bist ohne Entsagung, faul
in beweglicher See

im zähen Lack des Zeitwassers: der Aronstab

# Wir im Atembogen

Wir, im Atembogen,
der den engen Kreis der Sprache spannt,
wir die Siebennamigen
vereinzelt jetzt,
— das Gedächtnistheater
hinter dem Stirnknochen —
warum haben wir so weit
aus den Augen uns verloren?

Endlos rufe ich deine Namen
(als zögen sie Zäune
um den Schädel)

Vorerst bleiben:
Wortverwehungen,
die Zypresse, starrgespannt,
Male auf der Erscheinungshaut.
Es bleibt: Angst vor Nicht-mehr-
erreichen (das Licht fegt aus)

# Das liebste Spiel

Du faltest mich ein
ungebärdig steif
und verstehst mich nicht.

Schön nur zu fallen

blind durch Himmel
und Hölle zu hüpfen:
Bin ich? Bin ich? Bin ich?

(denn hier wie vor dem Tod
strengt sich der Feigste an)

# Liebe und Arbeit

Sichrer als mit allen Hunden bist
du in der Nacht mit mir.
*Marina Zwetajewa*

Il faut réinventer l'amour.
*Arthur Rimbaud*

# Liebe und Arbeit

Du sagst das Ende der Liebe voraus
Hör auf Liebe ist ein Wort
wie Geduld oder Verschwendung
Es arbeitet es ist da
damit wir uns darauf einlassen
wie auf ein Ultramarin zwischen Felsblöcken
Es ist eine Farbe ein Weg eine Arbeit
des Zugehens es ist eine Hoffnung
die wir nähren müssen
Erst wenn die Liebe keinen Wein
mehr erhält
können wir das Wort streichen

Nimm ein Wort wie Schneebruch So
stürzen die Worte unter dem Nirgends
nieder wenn wir sie nicht nutzen
sie wandern von Lippe zu Lippe
sie stürzen in die schwarze Erde
wenn dem Ast das Wort nicht
ins Nadeln fällt
Nicht jeder hat die Gabe
der Worte Aber wenn wir Liebe haben
und in uns arbeiten dann stehen wir
fest zwischen den Millionen von Bäumen
Ferne wird eine Kategorie der Nähe

und wir können leben

## Vor der Sonne die Bäume

In die Höhle der Bilder hinab den Wimpernweg
harpuniert meine Feder die Karauschen dort.
Farnarme legt um deines Herzens ruhigeren Ort
der Fische Blut, weicht auf den harten Tränensteg,
den unvermeidbar dir zugebauten. Nun unterm
sicheren Grün
köpf ich die Zeit, schneid ich die Wunden aus,
bis streng erworbene Flossen in den Trichtern blühn
und mit der Schrift verwachsen im harschen Wasser-
haus.

In den Worten geschieht es. Es gibt einen Schmerz,
der, genommen, nur noch im Wort auftaucht. Und
dieses Wort ist vor dem Wasser der Sprache, hart, rund
auf mich gekommen, vor der Zunge ein zweites Herz.

# Wintermorgen im Englischen Garten

Unter den Bäumen
da sind Wahrheiten mit gewaltigen Farben
wie eine Landschaft
kein Schatten auf der Sonne nur Schnee
und Speichel und einzelne Worte
wie Tiere unter Birken
Steine unter Steinen
wie eine tintengeschriebene Ordnung
des Verharrens aber Schreiben
ist Reisen ist Reißausnehmen
aus dem Lauf von mir zu dir
aus der eisglänzenden Erde
dem Tod nah, ein Ausgerissener

## Pelvis et umbra

Mit dir ist immer
beschädigendes Glück.
Handauflegen heilt nicht,
die Zunge zerreißt mir denn.
Ein Loch bis zum Herz.

Großartige, gerettete Gewißheiten:
Überstehen kostet was. Überstanden.
Lieber deute ich die Flammen
mit dem Aug:

Dein Geschlecht ist flach, ohne
Konsequenz, wie eine Maske.
Nicht eine geschnitzte Maske,
sondern die Art von Maske,
die ein Strumpf zaubert
oder ein normaler Seidenschal.
Der Mund unter den vier Lippen
eine zurückgehaltene Emotion,
oder abgemilderte. In der Hitze.

Eine feuchte Wolke ist
herabgestiegen, so ist es,
und Schatten ist da, und
eine Erde, die uns narrt
mit ihrer Enge
und Ausschließlichkeit.

# Brinkmann steht

Es ist nichts los.
Nichts als ein
Wörtersommer
in der gespaltenen Lippe,
der zusehends
verdorrt.

Vor Wochen war, als
sie aufstand,
eine glitzernde Rhombe
auf seiner Brust zurückgeblieben
(»Brauche keine Pflaume, habe
selber eine Pflaume«).

Es ist nichts los.
Jetzt ist er nichts
als ein heißer staubiger Gedanke,
die Welt ist eine heiße Wiese
von staubigen Sachen.
Vasen, Statuen, Speier, Agave.
Er bettet sich, Schattensucher,
Kapuzengesicht, wie zwischen
Brüste in sein Buch. Er steht.

Zwischen den Statuen
und auszementierten Pinien,
auf der Suche »nach dem Rhythmus
zwischen Anspannung und Entspannung«,
sein Geschlecht ein
hitziges Wort in der Luft,
steht er korrekt, abgerückt, mit
schwarzem Schlips in diesem Park,
er steht. Jetzt fängt er zu gehen an.

# Stilleben in Lapithos

Im Lichtkegel meine Zehen,
auf den Fliesen riesige Ameisen, erratisch, im Kreis,
das Weinglas wie auf einer Bierreklame
ich atme ich lese Brinkmann
seine Sehnsucht
nach dem leeren weißen bilderlosen Norden
Nirwana Nanga Parbat

Ich teilte seine Sehnsucht,
in Rom,
nach Giordano Bruno,
Wallfahrten zu seinem Verbrennungsplatz –
Der Einzelne! Sich isolieren,
eingehen, endlich die Bilder
das Gedächtnisloch hinuntergegurgelt,
ins blendende Weiß.

Hier Farbbänder von Braun Rot
Orange Blau unter der Sichel
(20 Blaus tags im Himmel, 1 Blau im Meer),
allein allein Abendfieber
Arkaden, darunter
eine gemein rote Blütenknolle
ich atme, keine Stille
mein Blut zirkuliert
und diese *Flitzefilme*
im Schädel

meine Hand fällt mit einem Gewirr
von Adern die Stuhllehne hinab
So schnell verging die Zeit daß
alles schon viel später ist

die Ameise eine Lokomotive
mein Gedicht kein Gedicht
die Frau die Ferne
der Fisch im Teich ein Pfauenschrei

und alles
ein Stilleben
nature morte
ohne Lebhaftigkeit mehr

keiner gefriert anders
ist nur noch da

# Gespräch zwischen Djuna B. und ihrem Kunden durch einen Plastikvorhang

Ich bin nicht leicht zu rühren, sagt
sie, die Meinungen anderer tragen mich
nicht leicht fort. Was sich nicht liebt,
das, wenigstens, leckt sich. Lieber
den Schreibtisch ficken als diese nassen Hände
bei der Vorstellung, jemand ficke mein Herz.

Los, sagt sie auf der einen Seite
des Plastikvorhangs. Wie heißt du?
*Ratatat* in den blauen Neonmond! An-
füllung von Neben Nebel Nebenkammern.
Los, du Freigiebiger, von zuckenden Glüh-
birnen durchblättert. Es schnürt taghell
sich Nacht um Purpurnes. Heiße?
Djuna (von Djalma), Kontrolleurin bei Amtrak, 37,
ledig: Des Doktors Narr mit Aug und Harn.

# Von der Zierde des Strudels

an Malcolm Lowry

I.

Er verpaßte sich mit seiner Feder
keine Zärteleien
Nie trocknete die Tinte auf den
schlimm geflickt durchstrichenen Seiten
Er verpaßte sich seine Existenz
(statt sich an ihr zu rächen)
bis sein Buch ihn schrieb
Darin gefiel er sich
Das war sein Genießen

Bis er auf den Bauch fällt
und im Fallen sieht wie
Jan Gabrial innehält
Sie öffnet ihr Haar:
Der Riß spannt seinen Schleier

sie öffnet ihr Haar:
Feder gezückt
beginnt das Spiel vom Spalt
von vorn

## II.

Ein unaufsaugbarer Durst:
Nicht nach Alkohol.
Nach Statik, Gleichgewicht,
in das Zentrum des Riesenrads:
Kern, Achse, genagelter Stern.

Sehnsüchte:
Die Zeit aufzuheben.
Die Hand ohne Gezitter in die Luft zu strecken.
Den zerstörten Garten in Blüte sehen.

Daß ein Paar möglich ist.

Sehnsüchte,
zugeschüttet mit Diskursen.
Der Samen fällt auf einen Stein.

Was uns bleibt:
Mitwissen
von der Zierde des Strudels.

## III.

Abrupt im Himmel
die Koralle des Blitzes
über dem Abgrund
wo der Konsul Seite an Seite
mit dem streunenden Hund
verfault

was für ein Glorienschein!

das Fleisch wurde Salz,
und im Gesicht
tief eingegraben
die Demut.

Mit Salz hatte er
den Mescal hinweggestochen
und mit Zitronen,
der klare Kopf
hielt das Verhängnisbuch:

ohne Liebe kein Ruhm

das Buch vom Eindruck
der Ränder des Risses
in den Körper

von der zerstört noch
zerstörbaren Sehnsucht

# Anche tu sei collina

Von den Hügeln bei Alba
auf den Kreppsohlen deiner Jugend
zurück in das arkadengestreifte Licht
von Turin
Schulklassen sind auf der langen
trägen Straße des Flusses unterwegs
der Kokosschnittenverkäufer am
Hotel Roma e Rocca Cavour, Schatten,
der Kellner im Stresemann, Schatten,
die Stimme des Mädchens der Sala Gai, Licht,
abweisend, hochnäsig

Nicht mehr der Stille
entfliehen, wenn die Angst eintritt. Reglos
werden wie ein Fremder in der Stadt,
die dir gehörte

im Zimmer 305
bestellst du
ein *agua frizzante*

das flirrende Ufer des Belbo,
das du nicht mehr siehst,
nicht mehr das weiß benieste Schilf,
nicht die rote Kamelie
im Pappelcarré

den Dom des Bahnhofs
vor den schwarzen Augenhöhlen

## Kleine Elegie auf Tezer

Auch als deine Schultern krakeliert
waren, die Knochen am Auge weiß,
konntest du immer noch
dir mühelos die Zeit
als zufällige Frist vorstellen,
dich von Kränkungen zu befreien.
Jetzt wird der Regen mit seinem Zählwerk
in dein immer offenes Herz dringen,
nicht offener
als es zuvor im Leben war.

Weine nicht! Ein Schloß
mit kleinen Fenstern
liegt unter dem Wasser
und der Blick geht hinauf
ins Helle
zu dem verschneiten Bild des Bosphorus

In einem Fest weißer Feigen
wirbelt die Stirn,
die Augenvier.

# Etwas fehlt

Daraus, die Welt anzuschauen, zu warten, haben
wir nichts gelernt. Manchmal gibt es einen Schmerz,
und dann wird auch der Schmerz genommen, und wir
malen uns ein Geschenk zum Verbrennen aus. Du
nennst es
eine untröstbare Wonne (während du Feigen
aufschneidest).
Was mich zum Genuß brachte, war etwas, das ich zu
verstehen
hatte. Wenn man gesehen wird, kann man nicht mehr
sehen. Nicht mehr fühlen.

Geschieht es in den
Augen? Vielleicht lieben sie nur den Buchstaben, den
Schreibtisch darunter. Ich redete mir zu, daß mich
auf dieser Welt nur die Feigen und die Kunst
interessierten. Wie Anna sagt: Ist meine Strumpfhose
heiß? Der Tanz des Regens in den kalten Bäumen,
wie Williams sagt. Und Schneebruch. Das alte
Lied: der Stein in der Lücke, der Schlüssel im
Schloß, der Speer im Aug. Und das Wachs der
weißen Rose im Tempotaschentuch: Man verirrt
sich in die Zimmer in dem zu großen Haus.

Gestern sprach ich zu dir. Ich kam mir wie eine
Sängerin in einer Kneipe am Stadtrand vor, schläfrig
und das Bein zeigend (mit einem nicht sehr voll-
kommenen Knie). Als ich mit dem Lied begann,
entledigten sich die Männer ihrer Jacketts. Ich weigerte
mich, das Mikrophon in den Mund zu nehmen. Ich
begrüßte es, daß du den erschöpften Ausdruck,
den ich mir gab, am Telefon nicht wahrnahmst.
Was fehlt, wissen die Krieger der Liebe nicht.

Ihr Kopf ist ein heißer, halb entrückter
Schatten, kein Pfauenschrei. Sie wissen nicht,
zu was der andere mit anderen fähig ist. So
schreibe ich auf die Fotos, die du mir schickst,
deine Namen für später. Einen Satz von dir
mag ich: Schreiber müssen sich der Literatur des
Malens zuwenden,
um ihre eigenen Probleme zu verstehen. Wie immer.
Sprache ist bei anderen. Ein blaues Stoßen auf dem
harten Sand. Ich möchte mich nicht aus Erwartungen
herausnehmen (das haben uns die Märchen gelehrt),
aber
ich weiß auch: Der Atem ist klein, die Liebe nicht
zu verwirklichen. Vorerst, sagst du, und ich wache auf:

Der Tag ist ungemein hell. So hell wie mein Verlangen,
das nichts dazu lernt. Ziehst du morgen, wenn ich
komme,
das grüne Kleid an? Und nähe bitte nicht die Einblicke
zu. Unverbesserlich. Und schmiegsam, und auf dem
dritten Standbein, und ohne Sinn für das, was
hinter dem Sichtbaren liegt: ein Wille zur Ordnung,
zur Anpassung und zum Verleugnen der Verletzlichkeit.
Eine Wolke kommt auf, drei Balken von dunkler Farbe;
und ein Gebiet, das sich seiner sicher ist, gerät in Sicht.
Dann besteht das Bild nur noch aus Rändern, schön
mit der Dunkelheit draußen. Die Palmen brechen.
Bald muß der Abend seine Finger durch das Gitter
stecken. Die Artischoken beginnen zu nässen. Ich
ziehe meine Bewerbung zurück, entschuldige. Ich bin
selbst ein Geheimnis, zu brechen. Und

im Traum brechen wir die Lider der Sarkophage auf,
um eine Zeile von Sappho zu finden. Sie sind leer. Eine

Schale fehlt, ein Schiff oder das Geviert, das wir um
unseren Bauch legen können, stützende Stangen, ein
Gerüst. Der Schuh, nicht zu vergessen. Aber das Schiff
wäre das Wichtigste, wenn sie die Insel nehmen.

Wiederholt kracht das Tor der Zeit zu (Denn die Gewalt-
streiche werden am Telefon vollbracht). Aber es gibt
keinen
durchliebten Raum. Und auf dem Berg, vor den
Schiffen, eine Zwergpredigt: Vergiß das Leben,
das dich geschlagen hat, besteh die Angst mit der
Kraft, gemeinsam zu schlafen und zu erwachen.
Jeder hat eine Lippe. Jeder hat Narben. Der Kreis
wird über die Jahre klein.

Und du sollst
feststehen wie der Regenbogen, so schnell auch
die Tropfen, seine Träger, wechseln. »So wie das
Leben stehen bleibt.« Und denke nicht viele Tage
voran. Hier, jetzt, vor deiner Nase. Blau vom blauen
Abend. Gut. Oder kommt das Blau aus den Gärten?
Es heißt, Aphrodite habe die Leute auf der Insel
das Säen von Gärten gelehrt. Das Sehen von Gärten.
Du mußt dich konzentrieren. *Wir sterben seit so langer
und für so kurze Zeit.* Nicht durch die Gärten
wie ein Bär streunen, der keinen Winterschlaf finden
kann.

Was suchst du? Es ist nachteilig für die Lebendigkeit,
wenn die Telefonpausen zu groß werden und du dein
Auto
weggeliehen hast und zu dumm bist für das Schreiben
von Memoiren. Was suchst du? Einen Schuh, ein
Schiff.

Die Insel ist klein. Du kennst jeden Minister, jede
Reklame. Die Bäume im Gebirge und den Sand am
Meer
und die dünne Schicht Sand, die die griechischen
Bibliotheken
in Famagusta bedeckt. Viele Dinge fertigen sich ab,
aber etwas bleibt, was fehlt. Dein Leben zieht an dir
vorbei mit einigen in Gedichten blockierten Augen-
blicken.
Das Kleinerwerden der Mutter. Wie die Freundin
Abend
für Abend die Pflanzen wässerte. Die vielen warmen
Briefe, die zu schreiben waren. Die Bedienung im
»Saint-Pères« um 11 Uhr nachts: *Fini, finished, closed.*
Ja. So viel aufgeschichtete Zeit, zu einem Ende gesetzt,
auf das wir immerzu zu warten scheinen, nicht wirklich
eingeschüchtert, aber auch nicht stark und frei.

Einmal muß es anders gewesen sein, als
du im Wasser auf meinen Hüften saßest
und wir uns um die Sonne drehten, und
unter dem Plissérock deiner Finger mein
Geschlecht, im Licht des Mittags, aus dem
deinen trat, wie ein Ruder aus einem tiefen Boot,
über das der unablässige Wind geht, der
den Kopf verrückt. Jetzt legen die Männer
mit einer Hast die Sonnenschirme um,
als käme der Winter bis in den Mund
gestöbert. Dabei muß ich denken, daß ich
nicht einmal weiß, was dich verletzt.

Keine wirklichen Abschlüsse des Herzens, keine
mildernden Umstände. Atemnot im Jetzt-
Gedächtnis. Und doch gibt es Stunden,

da man angenehm glücklich ist und es seinen
Kindern erzählt, während sich die Landschaft schon
zu verändern beginnt, wie der auf der Leinwand näher
kommende Zug. Die Liebeleien auf der elterlichen
Couch
neben dem Zehnplattenspieler sind vorbei, du kannst
nicht
nur tote Frauen lieben, nicht die Zeit so auseinander-
nehmen, daß du den Fangstoß gar nicht mehr spürst.
Der Zug wird zwischen deine beschränkten Augen
prallen
und das Öl in den Katakomben verschütten, Spritzer
auf gelbe Finger und gelbe Gesichter aus Wachs.

Zum Schutz wächst die Eidechsenhaut. Im Museum
steht der konische Stein, sämig vom Schoß der
Aphrodite, unterm Glassturz gesammeltes, festes,
undurchdringliches Licht; und zwischen mir
und dem Abdruck des innersten Geschlechts
sirren die Jahre. Wehrlos macht das Sirren,
und wütend, da dies kein Lied des Unterliegens ist.
Nicht ich, die Lichtfäden, um die Kirche von Kouklia
geschlungen, haben die Netze der Fischer beschwert.
Du lächelst. Dein Blick ist nicht hier. Du hast
recht, wir sollten auf einer Vision der Zugehörigkeit
bestehen, die allem Vertanen widerspricht.
Das wäre unsere Stärke. Eine Schale ohne Krücken.
Ein Schiff im Schilf, das den Fliehenden fängt.
Die zuckergraue Taube mit dem Brief im Schnabel.

Wie gut du in den Bildern bist, sagst du. Aber Leben
ist ein Zusammenhang komplexer Bilder, ich kann
ruhig zugeben, etwas damit zu meinen. Jedenfalls
sind mehr Entzückungen, wenn die Sonne

scheint. Das kannst du nicht bestreiten, noch
daß deine Augen kein größeres Glück kennen als
geschlossen dem Gesicht gegenüber zu sein, das sie
verzauberte. Ich möchte es erklären: Wie die Finger-
spitzen nichts schlimmer finden als einen Wechsel
der Stellung, so möchte unsere Seele verharren, wenn
sie der Wiederholungen und Änderungen satt ist. Es
wird einmal einen Augenblick geben, da sie sich nicht
mehr vorstellen kann, größere Fülle zu finden.
Irgendwann wird das sein, in der Mitte deines
Lebens vielleicht, und du magst sie überschritten haben,
ohne es gefühlt zu haben. Der Nachmittag war gelb,
gelb wie die zähen Tulpen im Garten, er stützte
deine Gefühle in den vielen Kreisen ab, in denen
du stehst, und in deinen Armen hieltest du ein Ding,
das hitzig war und vieles entfernte, das gerade noch
vorhanden war in einer Aufschäumung von Eindrücken,
gelb und rot. Dann magst du weitergehen an den
Feigenbäumen entlang, die der Frost, den niemand
erwartete, unnachgiebig beschädigt hat, schon
läßt die Hitze nach, kommt das schöne Licht
schräg über den Boden und wirft
den Schatten der Bäume bis ins Meer, und du
kehrst endlich zu deinem zu großen Haus zurück,
müde davon, daß dir alles doch wieder
genommen wurde und du selbst so viel nahmst.

## Das Schweigen von Zypern

I
»Nichts hier außer ein Chaos von Felsen, der Fluß
und das Meer. Die Hitze ist sehr stark. Man muß
in der Wüste am Rand des Meeres schlafen. Ich
schreibe euch das in der Wüste und weiß nicht,
wann ich es aufgeben kann«

auf Schienen, verworren, verstummt
nach dem Sägenschnitt durch die Lebenszeit,
Lebensreise, der Rücken noch so gepanzert.

»Ich bin jetzt Aufseher im Palast, den man
für den Generalgouverneur auf dem Troodos
(2.100 m) baut. Es ist nichts auf dem Berg
außer Tannen und Farn. Schickt mir schnellstens
das Handbuch der forst- und landwirtschaftlichen
Sägereien, 3 Francs, mit 128 Abbildungen.«

Die Geschichte ist wie eine Eisenbahn,
durchsichtig wie Spielzeug,
zwischen Charleville und Harrar.

»Wenn ich ein paar hundert Francs zusammen
habe, gehe ich nach Sansibar,
wo es, wie man sagt, zu tun gibt.«

Die Menschen hier sind Verwünschungen.
Auch wenn es für sie spricht, daß sie
schlafen können, wenn vom See an ihrer Tür
das Salz hochkriecht, von Tränen geweint,
eimerweise.

»Es wird draus, was draus wird.«
(Sonntag, 23.5.1880, Troodos-Berg)

II

»Vitalie sagte vor ihrem Tod, mein Kopf sei
geschrumpft. Das war vor Batavia, vor Zypern,
ich hatte mit dem Schreiben längst aufgehört.
Die Haut ist zu groß. In zärtlichen Momenten
nannte sie mich: mein Leguan.«

Alles verwandelt sich. Unsere Schrift,
unser Fleisch, auch die Liebe. Daraus,
und daß wir nie heimisch werden,
entsteht das Gedicht. (Sinnlos selbst das,
verschwindet an einer Mauer.)

»Und ich weiß jetzt nichts mehr.
Nichts, nichts, nichts. Nur
wenig zu verbinden gelingt noch:
den Körper zum Leben, das wartet.
Ich schaue auf die Zeit, ich kaue
die Zeit. Ich bin alt (nicht an Jahren).
Ich bin gelangweilt. Ich taste
nach dem Gold in meinem Gürtel,
meine Sicherheit. Der Palast jedenfalls
ist etwas Stabiles. Und ich sage euch,
Wahrheit ist ein Wunder.«

Unser Körper ist der Pilze Beute.
Darüber glüht die Sonne
auf dem Farn nach,
darüber roter Staub,
darüber, noch einmal: nichts.

(Samstag 11.10.1986, Larnaka)

# Der Kultstein von Kouklia

Es ist ein Meteorit.
Ein Steinbrocken, dessen Feuer
beim Aufprall erlosch. Die dünne
gläserne Schmelzrinde erinnert
an dieses Zusammentreffen
von Himmel und Erde, sie
zieht die Suchenden an.

Er ist unansehnlich, graugrün
statt schwarz, die Kegelform
nicht regelmäßig, ein Idol,
das keinen Reim gibt
auf die schöngestaltige
Schaumgeborene. Es wird
das Geheimnis der Wallfahrt
sein.

Die hohen, sich selbst tragenden
Säulen, gekrönt vom Doppelhorn,
sind auf Münzen zu sehen.
Das reine Feuer, das zum Himmel
stieg, müssen wir uns denken.
Wir wandern um den Glassturz.
Vor dem Museum donnern Lastwagen,
beladen mit antikem Marmor,
über die Straßen der Erinnerung.
Der Stein kann nicht berührt,
nicht geküßt werden.

## Im Weißen tappen

Das unterbrochene Gespräch ist gescheitert.
Du gehst wieder zum Wasser hinunter,
der kaum gekräuselten Oberfläche
am Strand der Nichtbewegung, des Wartens
und jedesmal ist da ein Netz von Regeln
und sind folglich Fallen, Fußangeln, Falleisen,
Täuschungen (so wie uns das seit dem Baum
im Paradies geläufig ist), mit so vielen Tricks
aufgeschichtete Zeit.
Du lehnst die Stirn
an ihre kühlen Kacheln,
siehst den Samen fortstrudeln,
mit den Strängen im Hals.
Die Wolken machen das Meer weiß.
Du siehst nicht weg.
Schnell wird alles warm.
Der Raum verengt sich sehr.
Du mußt dich bücken, Papier
kauen. Eine Notiz sagt:
'Vergiß die Taubnesseln nicht.'
Was also fürchtest du mit Gier?

# Die Nekropole von Nizza

Das Krematorium der Stadt Nizza,
eingezäunt, 10 km aufwärts am Var,
zwischen Kleinindustrie und Mangoldfeldern,
gebaut in ein felsiges Amphitheater
wie ein moderner Tempel für Hatschepsut,
Arabesken aus Leichtbeton, weiß, bombastisch,
sinnlose Versatzstücke der Callablüte
und des Mohnstengels, unwirklich, lumpig
und bedrängt, umzäunt, baumlos:
Platz für 60.000 Urnen.
Der Wind orgelt über den Parkplatz,
als zerstöhne sich die Asche noch.
Zwei Wärter, Nordafrikaner,
Gesichter, die auf Prügel warten,
hissen Butanflaschen
auf eine Lorre, die ins Innere fährt
im Glanz der Stabtaschenlampen.

## Spätes Lortallenser Sommergedicht

Bald wird alles gekappt.
Die Scheren liegen bereit.
Kränze, Löcher in der Erde,
der ganze Schmarren.

Bis dahin schlägt ein Gewitter
die blauen Hortensien an den Boden.

Bis dahin:
ein Tropfen auf der Braue,
ein Engel auf der Kirche,
die Sonne ohne Verspätung,
selbst wenn ich traurig bin.

Bis dahin:
die Wespenplage, salzige Kniekehlen,
zerrütteter Käse im Delikatessengeschäft,
grüne Grashüpfer in Kinderfäusten, verbogenes
Gestänge, Feuerwanzen, gelati.
Im Auge platzt ein Äderchen,
schaut rot heraus.

Sommerdumm
stürzt sich im Strandbad
das Gesinde von dem Turm.
Wer will im Sommer
eine kühle Heirat schließen?
Niemand. Wirklich niemand?
Die Tote wimpert. Kinder lachen.

Ach, der Sommer fliegt. Die Spinnen
arbeiten daran.
Vom nassen Turban fällt der Kopf.
Es kann nicht immer Sommer sein.

# 100 Bleecker Street

Du wachst
mit den reinsten und besten Absichten auf,
es ist Abend, du holst dir die Dächer
der Wolkenkratzer heran: Das Leben
ist dort. Antennen hoch wie Häuser,
Lichtsignale, der Tanz der Radare, Metalle
leicht wie Luft. Ein schöner Betrieb. Im
Fernglas kommen drei Helikopter heran, als
bauten sie gläubig auf die fernen Dächer.
Jetzt kämpfen die Stuntmänner gegen Hornissen,
jetzt sterben unten die Leute im Film
in den leeren erleuchteten Zimmern.
Ein nackter Arm. Du kannst nicht mehr
als die Achsel erkennen, den Ellenbogen,
davor das Fensterkreuz, das große Blatt
einer Pflanze. Ist es ein Arm? Er müßte
sich bewegen. Doch dein Herz ist
warm wie von einem guten Traum,
du hängst das Telefon aus und gehst
in deine Straßen, wo die Autos weiß sind
wie Kühlschränke, wie deine lautere Absicht,
wie dein Auge im schwarzen Aug des Glases.
Du knipst das Licht an. Einer sieht dich aus.

## August in der 'Three Roses Bar'

Die Kellnerin rattert mit den Brüsten
an den Bierdosen entlang. Miller High Life,
yes, Ma'm, von goldenen Fingernägeln aufgezurrt;
und Bläschen: eine Leidenschaft sagt dir,
sie zu schlürfen im Augenstreit
mit dem Aufwischneger von der Ecke.
Blinky Palermo hat seine Bilder
hier hinuntergestürzt, mit Blick
durch die fettige Scheibe,
die Neonschrift
auf die gerade, intelligente
sich auflösende Stadt,
mit Gelb zu denken und metallischen
Teilen von Trucks vom Holland Tunnel.

In deiner schwachen Phantasie
dehnt sie die Beine über die ganze Länge
der langen Theke, das Streifwerk
hellerer Narben auf der dunklen Haut
deutet auf Vorbereitungen
vielleicht einer baldigen Demontage hin
oder Inventur: Zuviel für dich. Du verläßt
den klimatisierten Stollen
zu Fagens stotterndem Endreim.

In der Canal Street
Staubregen, Hitzewellen von
Autokühlern, ein unentwegtes Rauschen, Regen,
der für die großen Tropfen Licht die hechelnden
Schultern aufweicht und an den Fingern
die Nervenenden
zu kurzer Ruhe reizt.

## Blicke, das ist alles.

Wenn einer anfängt, sprechen viele nach.
Wenn die Kerze heruntergebrannt ist, wirst du
gehen. Aber es ist eine besondere Sorte Stearin,
wie es sie nur hier gibt, an diesem Ort, für Tage
brennt sie nicht herunter. So blicken wir uns
an. Wir sind nicht blind. Wir sehen. Wie
wunderbar das Überschwengliche aus der Nähe!
Fast vergißt man, daß Beziehungen Operationen
sind, jedes Gespräch ein Abtausch, jeder Blick
eine Ausschreitung, schreite zu dir aus, schreite
mich aus (wenn die Zigarette zu Ende ist,
gehe ich).

Und es ist wahr: Dein Traum, nicht zu sprechen,
schärft den Blick. Er ruft ins Auge,
was das Augustlicht in einem vertrauten
leeren Zimmer am Ufer eines Sees nicht
ins Gedächtnis rief. Einfall von Licht
in die Stille (Licht mit Blicken des Blitzes).
—Wie entgeht man den Flammen? Wie
entgeht man — Aber es gibt keine großen
Ferien mehr. Wir sind Sonntagsschreiber
geworden, verbrennen Zwieback hinter uns.
Trösten uns über den Tod mit dem Spektakel
des Todes. So sollte es sein, zumindest,
im August, wenn alles flüchtig ist. Der Traum,
nicht zu sprechen, so unmöglich er ist. Die
Kerze, die brennt. Das Auge, das brennt.
Die Schönheit, flüchtig nicht nur
im Leben, im Tod. Wir blicken uns an:
Ach, die Zwiesprache der lieblichen,
der sonnenähnlichen Blicke! Es wird
wieder dieser Sonntag im August an
einem Tisch in einem leeren Zimmer

über dem See. Die schwarzen Bienen psalmodieren
in einem Überfluß von Gras und Rohr zum Rand
des Wassers. Die Augen sind vor Müdigkeit
noch nicht müde geworden. Zwei oder drei
Personen. Sprüche zum Nachsprechen (Wer
immer geliebt hat, der hat nicht auf den
ersten Blick geliebt).

Er fängt zu sprechen an: Diese Blume,
was ist das für eine? Quillt von
dort? Kommt von da? Ein Rot—?
Eine Lippe, um alles zu sehen, ein Auge,
um alles zu sagen (wenn die Wahrheit
mit Blicken abgezählt wird). Ihre
Schultern sind rund und schmal wie die
der Cortigiana von Palma dem Alten, jetzt,
da es dunkelt. Sie zündet diese Kerze an.
Ihr Rücken bebt unter deiner Hand. Er sieht
es nicht. Und wir versuchen uns zu
verlieben, indem wir ununterbrochen
von der Liebe schwatzen. Keiner
rechnet mit dem Kuß am verankerten Floß,
dann sind wir abgetrocknet und wieder
angezogen, und das Eis ist wie nichts
im Glas geschmolzen. Der Lichteinfall kommt
in Wellen immer schwächer vom See herauf,
täuscht Nähe und Ferne vor. Das Thema ist,
wie in einem langen Gedicht, Öffnen und
Schließen, Sprache und Auge, ich, und daß
wir das lieben, was wir nicht haben,
und daß es ein Geheimnis bleibt.

Kennst du dieses Einsamkeitsgefühl
der Sommerhitze? Erinnert mich an Sommer-

sonntage in der Provinz, wenn ich Zeit hatte,
vom Schreibtisch in den Birnbaum zu sehen,
durch meine gelben Gläser. Vierzig Jahre.
Bis du dich selbst mit Gefühlen knebelst
vor dem fiktiven Adressaten. Jetzt ist es Abend
und Jahre später, und du bist nichts als
die Summe der Blicke aller anderen
vor dem zurückfliehenden Horizont. Der Zuneigung
in den Blicken der anderen. Was von den Blicken
blieb. Befall – und der Rasen dröhnt noch leise,
ehe es sich für immer eindunkelt, die Nacht.

Einer von uns erinnert uns, daß Lust brennt
und wie Schmerz ausgehalten wird,
daß unsere Hände splittern
in Dunkelheit und Hitze:
Als spränge das Herz heraus
in eine unfertige, sinnlose Zeit. Aber
dieser Tag kommt nicht einem schwarzen Jahr
gleich wie die anderen Tage. Für diesen Tag
stehen die Vorratshäuser offen. Alle Quellen
fließen von überall –

fließend und unablässig spricht so
die Zunge: Laß doch die Nacht frei und
halte das Licht fest. Da läßt sie die Nacht
frei, und wir können den Arm vor den Augen
nicht mehr sehen, wie Schweres, das nicht
wegerinnerbar ist, Dunkles, das vortäuscht,
daß wir nicht zu leicht wiegen und
die Zimmer verlassen sind.

Unbehelligt, dunkel bleibe ich, auch wenn
ich heraustrete, bei mir und wenn ich davon spreche,
daß ich jetzt gehe. Aber du kannst mich aufsuchen
und vielleicht auffinden und dann nie mehr vergessen.

## Am Arno bei Arezzo

Im Abstieg des Augs,
soweit es abblickt im grauen Geäst,
Fetzen von Plastiktüten, blauen,
grauen: tausende,
an schwarze Zweige geheftet
wie Gebetsfedern,
die Weiden mit Stoffstreifen
verknotete Talisbäume,

und zwischen
Girlanden, dem ganzen Zerriß
im dunklen Bett
der nicht erwärmende Fluß.
Fließt mit Tüten, Federn, Fetzen,
Kanistern starr
nach Florenz.

Das ist das Spiel: Zukunft
unter Vergangenes zu spülen,
oder das Vergangene so in die Zukunft
zu reißen, daß dort
die Toten auf uns warten,

freundlich, bewimpelt, nah.

# Porträt des Künstlers als alter Mann

Überdies zielen die Künstler
nur auf die Liebe ab.
*Marsilio Ficino*

Sein Rücken schmerzt, vielleicht ein Zeichen
des Endes, diese Schmerzen. Er hat diese
Rückenschmerzen und Fieber und seine Knie
sind lasch, man wird einen Arzt rufen müssen.
Lieber brächte er seine Arbeit zu Ende. Denn beeile
dich, sagte sie, seine Jugend, die gestern war.
Den Journalisten öffnet er die Tür (was er
sonst nie tat). Auf Frage, im Morgenmantel:
Ich komme mit dem Tod gut aus, ich werde
tot, ein unbeugsamer Toter sein. Das Delir
der Anfänge? Davon sagt sich nichts –
Es gab andere Leben und andere Frauen
und immer eine trunkene Abfahrt zum Meer.

Die Themen? Die Mechanik, die fürchterliche
Verletzlichkeit der Schwellen, Frauenrücken
(in einen ließ er Violinschlüssel ein), Spiel mit
Strahlen, mit Lippen, alles, was unermüdlich ist,
später zunehmende Blanc-de-Blanc-Heiterkeit,
Abschied von den Riesinnen, die Helden
an langen Leinen kirregeritten, Lirum, Larum,
doppeltrum, in jeder Schrift, auf zweiter Spur
trittst du ins warme Zimmer der Kindheit ein,
das ist die ganze Bühne, mit der Sonne
ein glühender Haufen Stein über dem Berg.

Den weißen Kamm des Bergs sieht er von seinem
Fenster jetzt. Schnee spiegelt sich in der See.
Neben ihm das Schachspiel, vor ihm der Tisch
mit einer Zeichnung von Seeigeln, grüne Asphodelen,

ein schönes, allein von den Händen geschmücktes
Gelände, aus dem er sich ungern entfernt. Vom
unablässigen Wind der Bilder sind seine Augen
blank, die rote Schleife paßt zum roten Garn,
der Hang zu Finessen und Licht ist geblieben.
Er hat gelebt, er besitzt das ganze Leben in der
Erinnerung. Südlichkeiten, Glücke um ein Nichts:
sie tragen ihn, die Trümmer tragen sich. Es
zählen Güte, Schönheit, eine freie Seele, Form.
Keine Sünde, die Toten zu überleben. Keine
Sünde, keine eigenen Gedanken zu haben.
Und die unermüdliche Liebe? Unermüdliche?
Unüberwindliche. Zwischen dem Ruhm und den jungen
Frauen, die ihn besuchen, ist eine Beziehung,
die er am Abend nicht mehr bestimmen kann.

## Halb im Schlaf Gesagtes

Dir und mir
ein Land
im Innern
feucht wie

sag nicht der Schnee
der weiße Stock
die Frische des Todes
feucht

wie ein neugeborener Vogel
der vom Traum beschleunigte Atem
es sind
die herzvollen Schläge

die zählen
das stengelige Übertreiben
der Erinnerung
fort

sag
die alte Lippe, die faltige
schlaflose,
schöne noch.

# Der Tod von Manhattan

Vom Flugzeug:
Termitenbaum des späten Jahrtausends.
Das Gerät zeigt, wo er ragt,
zwischen zwei Flüssen
und gewaltigen Depots des Blicks.
Die alten Häuser wurden abgerissen,
Kurven und ihre Akazien begradigt.
So hoch sind in den gläsernen Türmen
die Mieten gestiegen, daß die Leute nach Queens
zogen und Williamsburg, Brooklyn,
mit Splittern ihrer phantastischen
privaten Visionen. Sie hatten nicht gelernt,
daß Ehrlichkeit eine Technik ist und die
Wahrheit sich heute nomadisch gibt,
in Mäandern gelegt um die Erschöpfung
des Herzens. Aber im *Hamburger Motel*
gibt's Brötchen frei, und die Prinzessinen,
die sie immer erniedrigen wollten,
sind gerade erst 13 Jahre alt, weiß
wie das Fenstereis des Winters.

Der Tod ist die Kante des Raums, sagt der
Maler. So lebt jeder mit Blick über die Flüsse
auf den postutopischen Ort und versucht
sich im Echo dessen, was er erlebte.
Der Mond geht auf, du kannst jeden Krater
zwischen den Flugzeugen sehen, so klar
ist es. Und deine Geschichte neigt dazu,
ihre gladiatorische Haut abzuwerfen
und sich in sich hineinzufalten wie
ein geheimnisvolles Origami-Papier.

## Hellblau, mit Mond

Orhan Veli, nimm noch ein Schlückchen
dem Mond zuliebe,
nein, zu Ehren des Monds,
blaßgrüne Glühbirne
überm verschlammten Goldenen Horn,
die selbst das Geheul der Muezzine (18Uhr 30)
nicht zu bersten vermag.

Dein Stein ist neben dem Stein von Tezer.
Wenn man schon ruhen muß,
ruht ihr am schönsten Ort:
unter altem Lorbeer
oberhalb des Bosporus
am Rumeli Hisar
unter einem Stein,
den wir sehen und hören.

Ihr sprecht zu euren Büchern in diesem Park.
Nicht anders könnt ihr erscheinen,
habt eurem Tod Sprache beigebracht
das kurze Leben lang.

Könntet ihr nur Istanbul sehen, jetzt,
von den Soldaten verlassen, für eine Weile,
schöner denn je,
die wehenden Alevimäntel
und 27 Minarette vom Café Pierre Loti –

noch ein Schlückchen, ach,
es ist kitschig hier,
hellblau, mit Mond,
und ernst, ernste Terrassen
mit Marmorzäunen im Quadrat
und das klagende Tambur von Ney.

Trinkt aus,
was weder Atem ist noch Mund.
Ihr könnt nicht anders erscheinen:
das Licht der Küsse im Blätterflackern
dieses Gartens.

## Die Lehre des Flügels

Willst du Glück? Kein Problem.
Du mußt dich nur, wie ich, am Zaun
der Ideale scheuern, dich draufsetzen
für eine Zeit und rüberspringen in die
verrosteten Federn, an denen der Flaum
der Distel weht. Du mußt dir sagen:

In unserem Leben ist nichts wahr und nichts
gelogen. Die Stunden, die wir verlieren, sind
friedlich, alle. Sie sind es. Und Meister sind
wir in einem: Dem Wiederholen, der Nachahmerei.
Ja: »So trefflich hast du den Papagei gemalt,
daß später drei Papageienarten nach dir
benannt werden.« Es ist die Lehre des Flügels.

Man muß Geduld haben. Wenn ihr Verlangen zu
sehr glüht, werden sie heftig, und du kannst
sie kaum mehr zur Vernunft bringen. Es geht
nicht um die Falle, die zu einer Liege wird.
Denn die Personen interessieren sich mehr
für sich als die anderen. Man muß zuhören
(die Scham ist dann weniger groß) und aufhören
(schöne Küsse) und da sein (ohne Federn zu lassen).

In einem Mosaik von Famagusta sah ich den
Flügel, ein aufgelöstes Labyrinth, Strahlen
zu einem Strahl. Das verlorene Gefieder findet
sich in einer Feder wieder, die alle wiederholt,
                                        in größter Ruhe.
Dieser Flügel spricht mit einer sanften, immer
gleichen Stimme, die schwer zu durchdringen ist.
Aber jetzt kommt ein anderer Ton auf: »Gewiß kann
ich mich nicht in wenigen Stunden intellektuell

ausziehen.« Gewiß nicht, und ich frage mich,
ob der Flügel, was er denkt, so sanft ist
wie der Körper, den er verbirgt.

Wie es auch sei. Was ist hinter dieser Ruhe? Zunächst
stellst du Unterschiede fest, angespannt wie du bist.
Er hat eine Festigkeit, einen Komfort, den du nie
gekannt hast. Fleisch oder Brot zu finden, war für
dich immer schwierig, besonders im letzten Jahr.
Du bist bereit, ihn zu lieben, ihn zu kennen. *Seine*
Luft zu proben. Du lockst ihn sogar: »In der Mitte
des Bettes ist ein Fluß, so groß, daß wir darin
trinken können bis zum Ende der Welt.«

Du hast so etwas noch nie gesagt. Du willst nur
das aussprechen, was du fühlst, kein Gran mehr.
Aber diese ganzen rasch wechselnden Beziehungen,
das immer gleiche Muster, und du: Der kleine
Kulissenschieber, der nicht durch die Maschen
fallen will. Ja. Du magst reisen, lieben, den Tod
beobachten, und eine Zukunft rauscht herauf, die
bereits abgeschnitten war. Mit den gleichen
Bewegungen,
dem Auf und Ab des Atems in den gleichen Körpern,
dem
Malmen der Zähne. Und stets schließt sich die groteske
Struktur: Nichts ist eindeutig, es kann gestern, es kann
übermorgen sein. Kein Leuchtturm, dergleichen,
im Zimmer.

Das Wiederholen schafft aber eine gewisse Perfektion.
Der Flügel schafft einen Gegenzug der Luft. Er hat
eine Deutlichkeit, eine Schlagfertigkeit, die wir
a priori nicht haben. Wiederholung der Feder, der

Strahlen, des Schlagens: Die Fugen des Verlusts.

»So groß ist der Fluß, daß wir darauf schlafen können bis zum Ende der Welt. Und der Fluß ist in der Mitte des Bettes, weiß wie die neunte Welle.« Durch den Flügel wird das Gelände zu einem zusammenhängenden Raum. Nur ein Blitz brächte ihn zum Einsturz. Aber der Himmel ist blau vor allem Vergehen und Erschaffen. Selbst wenn Entfernung uns trennt und Pflichten uns beanspruchen, muß es plötzlich dicht und stark werden: Ein Entschluß, das Licht aus den Augen zu reißen und endlich den Widerschein zu sehen, gegen das dunkle Herzloch, des Fackelschlags.

Was denkst du bei dem Wort Flügel? »Etwas Luftiges, Schnelles, vielleicht Durchsichtiges, Brennendes, ein Gegenzug. An einem Luftleib. Die Kraft, etwas Schweres hinaufzuführen.« Du siehst Federn in gedrängten Gruppen, aneinandergelegt, die längeren Kielfedern, das helle Schwarz der langen Flügelspitze.

Eine solche Lehre ist etwas, in das man geht. Im besten Fall ist das Leben die Reihung solcher Strahlen. Und diese Strahlen ersetzen die Worte, tragen sie fort, der Wind trägt sie fort, die Schwalben packen sie mit ihrem Schnabel, und etwas anderes ist in meinen Händen, etwas, das am Papier klebt, das sich wundert, sich eilt, eine seltsame (erinnernde) Mahnung an das Destillat von dem allen, was bleibt, etwas wie die rauhe Mauer in dem Innenhof, in dem du sahst, deine

Augen auf dem Buch, die Sonne in vielen
Strahlen durch den Nußbaum auf dem Buch
(und ich dachte, du hast es raus, dein
Schicksal in deine Hände zu nehmen).

Die Strahlen tragen die Worte, tragen sie
fort, tragen sie, ein Atem am Rückgrat,
an der rauhen Mauer hoch in die gleichen
verästelten, verdornten Situationen, in denen
du schon immer warst und die dich so müde
machen, als hättest du keinen eigenen
Gedanken außer den an das Gute,
das in der Gewohnheit der Liebe liegt.

Du sahst trotzig aus (in dein weißes Kleid
waren schwarze Liegestühle und Sonnen-
schirme gedruckt). Aber gewiß hast du
so sehr auf meine Flügel geschaut,
wie ich an deinen Flügeln hing.

»Und der Fluß ist in der Mitte des Bettes.«
In der Mauer Einschüsse.
Die wegschießenden Vögel,
jubelnd.

# Einst an die Liebe

Lange Zeit bin ich früh schlafen gegangen.
Dann war es ein hochsentimentaler Spaß,
in meiner alten Stadt durch all die vertrauten
Straßen zu gehen und bei einer Frittenbude
mit warmen Sekt zu enden,
abgespannt wie ein Maurer,

und an die Kindheit zu denken, Kinder-
totenlieder, Zeter und Mordio,
Maxima Moralia aus zerstreutem Blick,
der sich auf Kühltürme stützt,
früher eine froschreiche Gegend,
die braunen Strümpfe an Monikas
Waden träge verdreht, Lupinen
am Bahndamm immer noch, und
drei schotternde Güterzüge, dahinter
die Kartonbauten der Heimat
im Dämmer.

Mein Bauch ist eine Membrane. Wir
lernten Flöte in der Schule. Wie alle
aufgewachsen in dieser Sucht nach Nachspielen,
Nachsprechen, Nachlieben, wovon ein Rauschen
von Gesichtern bleibt wie in den großen
Ausstellungen des Lebenwerks, wie
in jeder Retrospektive, wenn allein
die Unterschiede zwischen den Bildern
wahrgenommen werden und nicht
die Bilder selbst.

Das hier ist eine Reise, von der ich
wiederkommen werde. Blanke Straßen.
Flaschen. Neonlicht. Ebene und Damm.
Eine einfache Szenerie. Den Baedeker

schreib ich mir klein ins Ohr,
die Jammerroutine der Tuba:
»Du bist ein Augentäuscher,
beinhart, ein Schwerenöter
im Versteckspiel der Zeit,
ein Staubaufbau« – »So

kann ich das Leben nicht mehr führen.«
Denn unsere Nerven sind nicht fest.
Stürzend oder an Schiffe gefesselt
denken wir an das Morgen,
wähnen den Strand oder das Pflaster näher,
sagen die Insel auf mit ihren Motten
und Dörfern, weiß wie Cadaqués
und golden wie Rebecca (»Cashmere
juckt überhaupt nicht«).

Sie sagte auch: Du kriegst
einen Charakterinfarkt. Du bist
zu temperamentös. Das war bei diesem
Ausflug am Meer, als ich schon älter
war, ein gelatinierter Himmel,
verkohlte Scheite von einem Feuer,
Dünen, Krebszangen, Boote draußen.
Hätte es anders gewesen sein können?
Ein Geruch nach Ammoniak jetzt.
»Weil du der Mann bist mit den
zu vielen Fotos aus der Vergangenheit.«
Hat sich denn etwas geändert? Nur
der Regenmantel ist nicht mehr da,
und die große Kartoffel braucht zwei Furchen,
der Austrag der Gefühle ist serieller,
mechanischer geworden, die wiederholte
Bedienung dieser Knöpfe.

Die Sehnader
spannte mit den Schiffen draußen.
Es war Frühling, oder Sommer. Oder noch
viel früher: heimlich lesen, heimlich
rauchen, heimlich an Türen lauschen,
heimlich den Vogel verscharren,
heimlich da und nicht da sein,
durch erleuchtete Fenster blicken, heimlich:
diesen Zwang zum Geheimnis vermisse ich,
da alles ausgeleuchtet ist, und Denken, wild,
nur noch an den Peripherien hochgezogen wird,
die Wirklichkeit dünner, gekühlt,
wie in diese Flasche gepackt, und wir in Sänften
auf regulierten, vorgezogenen Bahnen ziehen,
konfliktscheu und porös und eingebildet
frei

und uns von uns zu reden fürchten.
Das Geheimnis, reden wir uns ein,
ist an einem anderen Ort,
den wir zu errreichen haben,
koste es Namen und Sinn.

Noch bewegen wir uns
in angeschwemmtem, kontaminiertem
Material, Verlangen verscharrt,
Entsagung oft im Mund gewendet,
nie praktiziert, ein mimisches
Zusammenspiel. So wankt unsere
Geschichte entlang, man kann
sie sehen, hören, schmecken, fühlen.
Sie ist dein, nicht ein Haus, ein Land,
dein wie das Gesichterrauschen. Und
den Zeichen der Freundlichkeit

wird man, wenn die Reise dich
genügend weit vom Ausgangspunkt
getragen hat, wieder trauen können.

Trauen kannst du dem Tastsinn: feucht,
trocken, warm, kalt, hart, zart.
Über den Tang schwimmen und den Tang
am Bauch fühlen. Die Salzspäne an den
Härchen den Schenkel hinauf. Der Finger
dort im rosa Lehm. Jener Finger, der Buchstaben
auf den Rücken schrieb oder eine Palme
malte. Oftmals hatte ich falsch geraten
und doch mich wiedergefunden. Immer
das vergewissernde Befingern der eigenen
Haut, die Stirn in der Hand, den Schwanz
in der Hand. Den Mittelfinger
für die Rosette. Ja, Rebecca, schlaf.
Der Morgen kommt bald, alles schläft.
Selbst der Budenmann ordnet im Schlaf
seine Werkzeuge, sie funkeln am Grill
wie meine wütenden Forderungen einst
an die Liebe. Noch ein Sekt, bitte sehr!
Es fehlt an Luft, an Pflanzen, an Wasser.
An Gespräch und an Zeit. Erinnerungen ordnen,
sagst du dir im Dreck des vorüberziehenden
Augenblicks, und aufbrechen, aufbrechen,
ein Lied mit den Löchern und Klappen
und Attrappen einer neuen Flöte.

Du stehst und reist. Der Ton teilt sich,
bildet eine Bewegung aus: Oktave,
Quinte, Quarte, wieder Oktave, Terz,
und so weiter. *Risonanze erranti.*
Der Weg zu den kleinen Marmormauern und

dem hohen Gras scheint plötzlich strukturiert,
voll Hoffnungen und Katastrophen, die keiner
von uns geplant hatte.

Damals machte ich mich auf,
Schuhe brauchte ich, und ab und zu
einen Schreibblock, Lebensmittel, Benzin.
Endlich sah ich ihr Haus, am anderen
Ende dieser grünen Ebene voller Risse
mit schlanken Bäumen, die zerzaust
waren wie Federn von Flügeln, nicht
mehr zu schließen im Sturm. Aus der
Ferne sah ich sie im Fenster, sah,
wie sie sich vorbeugte und
die Läden schloß, am nächsten Fenster
erschien und die Läden schloß. Das
ganze Haus verschloß sich, bis es
ganz verschlossen war.

Ich kehrte um, hungrig, leicht,
die Augen schon wieder auf dem Horizont,
den kleinen Finger auf dem Papier.
Aber jetzt kein Gedicht mehr,
ein Bericht
über den Zustand unserer Vorräte.

Die Gedichte von Umarmung erinnert sind vor 1982 entstanden, die Gedichte von Liebe und Arbeit in den Jahren 1983 bis 1987.

Die Zitate stammen von William Gass, Arthur Rimbaud, Rolf Dieter Brinkmann, Fernando Pessoa, Casanova und aus der anonymen französischen 'Ballade vom jungen Schuhmacher'.